THE EIGHTH-GRADE DANCE

AND OTHER MEMORIES

Ada De Jesús

English translation by Nicolás Kanellos

PIÑATA BOOKS
ARTE PÚBLICO PRESS
HOUSTON, TEXAS

Piñata Books are full of surprises!

Piñata Books
An imprint of
Arte Público Press
University of Houston
4902 Gulf Fwy, Bldg 19, Rm 100
Houston, Texas 77204-2004

Cover design by Mora Design

Names: Jesus, Ada De, author.
Title: El baile de octavo y otros recuerdos = The eighth-grade dance and other
   memories / por/by Ada De Jesús ; traducción al inglés de/English translation by
   Nicolas Kanellos.
Other titles: Eighth-grade dance and other memories
Description: Houston, TX : Piñata Books, 2019. | Audience: 7-8.
Identifiers: LCCN 2019011637 (print) | LCCN 2019017749 (ebook) | ISBN
   9781518505829 (epub) | ISBN 9781518505836 (kindle) | ISBN
   9781518505843 (pdf) | ISBN 9781558858855 (alk. paper)
Subjects: LCSH: Jesus, Ada De. | Puerto Rican middle school students—
   United States—Biography—Juvenile literature. | Minority high school students—
   United States—Biography—Juvenile literature. | Puerto Ricans—United
   States—Biography—Juvenile literature.
Classification: LCC E184.P85 (ebook) | LCC E184.P85 J47 2019 (print) |
   DDC 305.868/7295073—dc23
LC record available at https://lccn.loc.gov/2019011637

Printed in the United States of America
May 2019–June 2019

5 4 3 2 1

TABLE OF CONTENTS

ACKNOWLEDGEMENTS

I thank God and the path He has made for me. I thank my parents, Irma and Dennis, despite the blind decisions they made during hard times. They were brave.

I thank my brothers, Richard and Obie, for accompanying me at times during these chapters; my husband, Julio, for his support and understanding: you're my best surprise. And I'm grateful to my daughters, Lili and Julie: I hope to give you beautiful surprises, since you are the inspiration and the light in my eyes.

The photos included in the book depict anecdotes from my middle school years. Unfortunately when my mother's house caught fire a few years ago, we lost many of the photos that documented my family's first years in the United States.

I dedicate this book to my mother, Irma Burgos. Now that I am a mother to two daughters I understand so much and I want to tell her: "You are stronger that you know, I love you."

SURPRISES

Those middle to high school years from the age of 11 on are the most difficult for people. Without any guidance, these years mold a young person, especially during embarrassing episodes. What complicated my situation during those years was that we moved around a lot. But I think my life would have been even more difficult if I had to spend it in only one place. Being on the move, I had the luxury of not thinking so much about my unfortunate circumstances. From one place to another, like riding a bike, if you keep pedaling, you won't fall, just like Albert Einstein would say. I think that each move, each apartment, each new beginning gave me the opportunity to overcome the mishaps. If I had stayed in our little cottage in Aibonito, Puerto Rico, I wouldn't have learned so fast how to defend myself. Our new life in the United States, first in the Midwest then on the East Coast, was full of surprises.

HUGO

In September 1989, everyone in our neighborhood was talking about how powerful the approaching Hurricane Hugo would be. I saw people carrying boxes and bottles of water from the supermarket. The boxes were overflowing with canned Vienna sausages, whole salamis, balls of cheese, rolls of toilet paper and even bars of guava paste. But we weren't able to prepare ourselves for the worst like those people who had some savings in the bank. We lived from hand to mouth because Papi just had odd jobs here and there and we depended on food stamps. Because we lived in a small cottage that was not sturdy, we had to leave it before the storm hit. We went to my grandmother's house, which was built with cement blocks. It was tiny, but it served us well.

I remember that when Papi went out to smoke a cigarette as the storm was about to hit, Mami got so nervous; we had to shut the door and hide from what was coming. The wind started blowing, followed soon by the rain. Because the windows were covered with metal shutters the pounding rain sounded worse than it really was—not like drops of water but like giant, plummeting marbles, one after the other. That night was very long. The pouring rain and the gusting wind did not stop beating on the shutters. My grandmother prayed all night, and Mami also spent the night praying to God and the Holy Spirit.

It's in those moments that you look to the adults in order to judge the danger and to know how to react. Those two strong women helped us survive the night. I don't remember if I slept, but when we went outside the next morning everything seemed to have changed. A small piece of my grandmother's roof had been blown away, and we were never able to find it. Because everything was calm again, we returned to our cottage. Surprise! There was no electricity, and no water, not even for a bath. It was embarrassing to have to walk to what appeared to be a temporary water cistern in front of all our friends.

ONE-WAY TICKET

We had traveled to the United States previously. When I was very young, the whole family moved to Delaware for a short while, and then moved back to Aibonito. We always returned to Aibonito.

I guessed that this time we would not be back so soon because Hurricane Hugo had made life difficult. The Puerto Rican economy was getting worse by the day. Papi had left to look for work in the United States shortly after the hurricane hit, and Mami missed him very much. We missed him too, but we had gotten used to Papi coming and going. I heard my grandmother tell Mami that we had to leave to get a new start.

Life was hard in Aibonito. We lived in a poor little cottage, and I remember having to shutter the windows tight and stay inside because police were chasing bad men and drug addicts. I often heard helicopters overhead and people screaming.

Mami was not sure about accepting the one-way tickets that our pastor gave us. I said goodbye to my friends during recess. That same day, I heard my teacher tell another teacher that our family would be back within a few weeks. We had the reputation of leaving and coming back. We would go "out," as they used to say about going to the United States. Mami could not adjust, and before anyone even missed us we'd be back. I remember spending one or two months in Delaware living in migrant worker camps. That was when I was very little and didn't mind. This time it was very different because we didn't have return tickets. Surprise! This time we were leaving for real.

OH, THE COLD!

We left one night when the weather in San Juan was cool. In Aibonito, there was always a cool breeze, but it was never cold. Aibonito is rather elevated above the rest of the island and naturally breezy. The Caribbean breezes did not prepare me for the variety of frigid winds that greeted me at that airport in Illinois. When I descended from the plane, it was so cold that my eyelashes froze!

Why did we have to leave our little cottage, anyway? I remember Mami looked very pretty with makeup and dressed in a skirt and high heels. I wore a cotton dress as white as the snow that surprised us as we disembarked from the plane. I still don't understand why I didn't have a coat on or why I wasn't wearing pants. Well, I never really owned a coat. That cold arrival to the United States was one of the many things that surprised me during our wandering years. But on that day, I heard Mami tell Papi that she didn't want to stay and that we had to take the first flight back to Puerto Rico.

When we arrived at our apartment, I unpacked and hung a picture of my best friend on the wall, a kid named Chato. We only talked once after we left Puerto Rico.

A few weeks went by and, surprise! We ended up staying for a long time.

OUR LITTLE APARTMENT

Our cottage in Aibonito had three rooms, plus a balcony and a garden. Mami and Papi had one room to themselves, although most of the time Papi was in the United States. Another room was for my two brothers, Obie and Rich, to share. I was always envious that they could keep each other company. The third one was for me, and I always felt lonely in there. Regardless, the apartment was very comfortable for us. I remember that the living room had pretty white curtains. That's where I played Barbies with my older brother. He'd tell me to first play with his little cars and that we would play with my Barbie dolls later. It always turned out that he'd tire of my Barbies and I'd spend more time with him and his little cars.

As is the custom in Puerto Rico, we'd spend a lot of time outside where we could breathe fresh, clean air. That ended when we got to Chicago. The tiny apartment, adequate for a bachelor, had to accommodate five people. As soon as I entered our new place I felt claustrophobic. It only had one room, if you could call it that.

Papi bought bunk beds for the boys to sleep in the living room. There was also a glass kitchen table that Papi also bought and a small sofa facing the bunk beds. I remember asking Mami what that metal thing was that looked like large intestines. I found out it was a radiator and that it made a lot of noise. In our town in Puerto Rico we didn't need one of those because the sun always kept us warm. The noise it made bothered me a lot because, when it got hot, it really vibrated.

I heard Mami tell Papi that she didn't want to stay, that we had to return to Aibonito. I remember her calling my grandmother and crying. But my grandmother had already sold all of our belongings and turned over the keys to our cottage to the new renters, so that Mami couldn't change her mind. Surprise! There was no going back.

NO TIME FOR PLAY

The first thing that surprised me about middle school was that recess was very short. In Aibonito, we spent almost the whole school day outdoors. Kids would even cross the street to go buy snacks and snow cones during lunch. There was a corner grocery store where we'd buy candy, malts, *empanadas* and those cigarettes made of chewing gum. When I'd buy them, I used to love to imagine smoking like Mami. The man who used to sell snow cones would make like "The Karate Kid" using martial arts moves as he scraped the ice for our treats.

What also disillusioned me about middle school was that, even though I was older, I had less freedom than in elementary school. Maybe it was because the adults knew that we were no longer as innocent as before, and that they had to keep a watchful eye on those who were eleven or older. It was a drastic change for me. Not only had I lost my recess but my home town, my friends and the out-of-doors life of the little school in my home town. Everything happens indoors in the United States. And it was just my luck that Illinois is so far from the Equator that the weather is cold most of the year, only at the end of the school year does it warm up. Surprise! We were locked up in school until summer.

HOW DO YOU SAY . . . ?

It's important to learn a new vocabulary. It's what a language is based on. Mami always said that it was important to have a healthy vocabulary, and I loved learning new words. Long or short words . . . I loved "Sunday" words; you know, special or extraordinary words. We called them "Sunday" words, like people who get all dressed up to go to church. Mami was always an intelligent woman and she would teach us beautiful words.

At school in Puerto Rico, we would write our vocabulary words in a little notebook and also on the blackboard. Later, we'd read an interesting novel and, suddenly, those same words would appear in the story. That's not the way it was in the United States. Everything was different.

I went to sixth grade in a school where everyone spoke English. I knew the colors, the months of the year and one or two other words or a song because my dad had taught them to me.

It was vocabulary day and I was given the English word for *recibo*: "receipt," which is pronounced with a silent "p," like so many other phantom letters in that strange language. Like "t" and "h" when you put them together, you have to stick your tongue out between your teeth—how weird. So I asked a "friend" who understood Spanish how to pronounce "receipt." He helped me all right, telling me to shout, "Recipe!" I did it proudly. To my surprise, everyone, including the teacher, died laughing. I have never again mispronounced "receipt," and I don't even want to think about it. Surprise! I had to go back to learning things like a two-year-old.

LUNCH TIME

Lunch time in middle school is pure torture when you're the new kid. During that hour is when students have almost total control over their classmates. It's when friendships are formed and self-esteem is crushed in the blink of an eye. My brother Obie went to the same school but the lunchtime for his grade was later, so I was completely alone in a cafeteria full of kids.

One day I wanted to sit with someone, anyone, but either there was no room or the kids would give me a dirty look when I approached their table. It was humiliating. So I made like I had a stomachache and headed for the nurse's office. She said that if I really was in pain, I could come to her office every day if necessary, but she winked at me and said that I could also eat my lunch in the library. Surprise! I didn't have to suffer during lunch hour.

THAT LITTLE WINDOW

In middle school, a girl's body can change before she knows it. I was one of those girls who developed early. In Chicago, the boys were always looking at me. I noticed that I attracted their attention even if I didn't speak much English.

I was signed up for dance class at the school. I loved dancing, especially because I didn't have to say

much, just follow what the others were doing. In dance class we weren't as different from each other as we were in the hallways. Those short hours of rehearsal gave me a chance to connect with the other kids without prejudice.

Mami was a good dancer and she taught me how to dance. I was experienced and had style, even more than I knew.

One night we had a show, and I had to change in one of the classrooms. I had to take off my clothes and put on my costume. I didn't realize it, but . . . some boys were spying on me through the little window in the classroom door. How embarrassing. Surprise! They saw everything.

THE DOCTOR IS READY

From age eleven on, going to the doctor is horrible. It's so uncomfortable. Your body is changing, and at times you don't even recognize yourself. There's a question they're always asking you: "Are you sexually active?" Even if you just go to the school nurse because your eye hurts, the nurse asks the same question. Mami always stayed by my side when I went in to see the doctor. That made it even more awkward.

When I was eleven years old, I had to go to the doctor to get immunization shots, and that horrifying question was blurted out. I cast my eyes down to the floor, looked up at the clock on the wall, then I looked at Mami. The doctor waited and waited for my answer, he was ready to write it down on his tablet. I definitely was not sexually active, but I was confused. I didn't know the definition of "sexually active." I had a hard time explaining, answering, but finally yelled out, "NO!" Surprise! Now everyone thinks I'm not a virgin.

MONSTER LEGS

I had never had much hair on my legs, but when I woke up one day, it seemed that almost overnight my legs were covered. It's great that in Illinois everyone covers up to protect themselves from the cold during the winter. Then no one can see what's under your pant legs. With the heat of summer, you bet it's another story. The heat of summer in the United States, at least in Chicago, is different from that of Puerto Rico; it's accompanied by an insufferable humidity.

The day I discovered my hairy legs occurred when it was time for us to put on short skirts and shorts. My friends had started asking me why I never wore them. That's when I decided to shave. I knew nothing about shaving, so I scraped Papi's razor across my legs without dousing them with water or shaving cream. I cut myself in so many places that I had to cover up all summer with nylon stockings until my legs healed. Surprise! My legs looked like something from a horror movie.

PASTY FACE

Pimples are just so bothersome, a nightmare for all middle-school students. When two or three pop up, you have no idea if its cousin or neighbor will show up in the morning, too. . . . Someone suggested that toothpaste was very good for getting rid of those little monsters overnight. So when a few pimples showed up on my chin, I decided to treat them with toothpaste. I smothered them and went to bed. In the morning, it was hard to get enough time in front of the mirror because my older brothers and one of their girlfriends who lived with us had to use that tiny bathroom too. That morning, I only had time to brush my teeth and head out to school.

When I went to the bathroom just before third period, I looked at myself in the mirror and thought, "Why didn't anyone tell me?" Surprise! I had a pasty face.

MAKE-UP

Using make-up is a rite of passage in adolescence. One of the most exciting days in my life was when Mami allowed me to start using make-up.

When Mami would make herself up, she looked so pretty. I loved how her greenish eyes stood out. Because my eyes were almost the same color, I was anxious for her to let me use eye shadow.

I remember that it was all very gradual. First, she permitted me to use pink lipstick that you could hardly notice. But I'd add some lacquer and touch it up feverishly every few seconds. Then she let me use a simple blush that was a little darker than my skin tone. I have hazel eyes, and the day I was allowed to use eye shadow was the best! I loved using a yellowish shadow that made my eyes stand out. Everyone said I had beautiful eyes. Surprise! You look like a clown.

TEACHERS ARE NOT IN CHARGE HERE

In Puerto Rico, our teachers were always in charge. Doctors and teachers enjoyed the same prestige. They were respected the same, and sometimes teachers even more. If I dared to come home and tell Mami that a teacher had scolded me, the first question out of her mouth would be: "What did YOU do to deserve a scolding?" This would be followed by Mami visiting the school, and I'd be on the losing end. Teachers in Puerto Rico were always in the right, and parents never doubted them. Some teachers took advantage of their prestige and went overboard with us. One teacher would haul me out into the corridor and smack my hand with a ruler if I got out of line. One teacher even hit my older brother over the head with a book.

That's one reason why it was so hard for me to get accustomed to school in the United States. Right from the first day of class, I realized that teachers were not respected. I remember the girls who gave dirty looks to young and pretty teachers, and also the boys who got out of their seats without permission. They were never punished. I would come home crying because I couldn't get used to the students ruling over the teachers. That lack of teacher control made me very anxious, and I didn't feel safe, not in school and not at home. Surprise! The students are in charge here.

COCK-A-DOODLE-DO

In Puerto Rico, the word for menstruation is *la regla*, like a ruler for measurement. I guess it's called that because it's a measure of how your life changes, and after it comes there are new rules to follow. In the United States, they call it a "period," a kind of scientific word for the period of menstruation.

I always knew about women's periods and other similar things because my brothers were older and they always had girls their age in the house. Sometimes, if I asked, they'd tell me about these things. Mami also told me about it. Even though I knew that a period was a fact of life, I hadn't thought much about the fact that it would happen to me. I wasn't in any hurry.

One day when I was in class, I felt something different all of a sudden. I remember that I had gone to the girls' room and didn't want to leave it. Papi had to come for me, and I felt so ashamed. I never understood why it wasn't Mami who came for me that day. I finally asked her, and all she said was that she didn't remember. This happened at the end of the sixth grade. That night, Mami invited many people over and we had a celebration because "the rooster had crowed" for me, as they say in Puerto Rico: "Cock-a-doodle-do." I just wanted to be invisible. Surprise! You are now a woman, and everyone knows it.

THE HOMELESS SHELTER

A shelter is a place for people who no longer have any options. People who need refuge from the rain, the snow, the cold and even at times the overwhelming heat of summers. Homeless shelters provide food, a place to clean up and a place to sleep.

We never moved into a shelter, but my parents worked in one. It's interesting that my family wasn't much different from the ones that needed shelter, because we also needed protection from the same weather extremes.

I was very proud that my father worked as the manager of a homeless shelter. I would see many parents that would arrive at his shelter carrying babies. Some kids my age had to sleep on the gym floor among crowds of people. It looked very humbling and uncomfortable. Seeing this helped me adjust to middle school a bit better. I thought, "At least I don't have to sleep in a shelter with hundreds of people."

When Papi was in charge of the shelter, I remember he would prepare his famous pancakes, flipping them in the air and catching them in a pan. Mami also helped out a lot, especially with the food. Everyone loved her dishes. Mami looked content to be part of something so special, and Papi too. I felt good because my parents were bosses. They were a good couple during that time, helping others. Surprise! My family has a mission.

CURSE WORDS

When children learn a new language, most of the time the first words they learn are curse words. It's often entertaining for people to hear children who don't speak the language say those words. They laugh, thinking it's cute. I, too, learned some ugly words before anything else. In middle school, kids think it's really funny to say curse words. But it's twice as funny when the kids don't understand what they're saying.

Because our church pastor had helped our family get to Chicago, we never missed Sunday service. One Christmas, I was asked to take part in the Nativity play, even though my English wasn't too good. Without any hesitation, they gave me the role of Mary. They taught me some lines to memorize, and I repeated them in front of the mirror over and over. When we were performing the play and it was my turn to recite my lines into a mic, I promptly forgot them.

Whether it was what I'd learned in the school yard, or what Papi had taught me, the easiest words for me to learn were the curse words. At that very moment at the mic, all I could think of to say in English was "Damn it!" Surprise! It's not funny to say "damn" when you're in church dressed as the Virgin Mary.

STINKY SOCKS

Well, I was always clean, but some things were beyond my control during those years in middle school. When we washed clothes in Puerto Rico, we hung them outside on a line to dry. In no time at all, the clothes were clean and dry. But when we came to the United States, we had to wash and dry the clothes in a laundromat. That was a pain for me: spending hours in there, among dozens of people washing clothes and fighting over the baskets. It was too much for Mami as well.

Some Sundays, Papi would take the dirty clothes in a garbage bag to be washed and, like magic, they'd come back all clean, but it would take time. One Sunday, the clothes didn't get done, and I had school the next day. Because the weather was always cold here, I always put on thick socks. So I decided to wash a pair of my brother's socks and I left them to dry on the radiator. They were still damp in the morning, but I needed them. I put them on anyway, thinking they would soon dry.

As the hours went by at school, the socks got stinkier and stinkier. I avoided most people, and I sat down to eat lunch alone. When the day was almost over, there was an emergency, and we all had to assemble in the auditorium, real close to each other. I could only think of how embarrassed I was with those stinky socks. There were some classmates who were patrol kids, the ones who wore a white belt around their waists and shoulders and were supposed to watch out for our safety. They were in charge of us, even though they were the same age as us.

I remember that no one wanted to sit down next to me, saying that something smelled. A patrol girl with short hair looked at me and winked. "What stink? I don't smell anything," she said. Then she looked at the patrol boy wrinkling his nose and said, "It must be you." I remember thinking that she knew it was me who stunk. Surprise! There are good people in middle school.

THE HOMELESS BOY

We spent a lot of time at the shelter where Mami and Papi worked. There were so many families that would come and go, and we rarely knew where they came from or where they would end up.

Once, there was a boy who arrived at the shelter with his family. I don't remember his name, but his head was shaved. He was more or less my age. He stayed at the shelter a number of weeks and we became friends. We played basketball during the day, after they'd remove the mattresses from the gym where families slept at night.

I liked to spend time with him because he didn't talk much and he treated me well. After many weeks of playing basketball with him and running around the gym that was his home at night, he disappeared. One day when I came to play, they said his family had found them an apartment far from the shelter. Surprise! My friend was no longer homeless, but I was sad because I didn't get to say goodbye.

THE MAGI DON'T LIKE THE COLD

In Puerto Rico, it was our custom to celebrate Three Kings Day, so January 6th was more important than December 25—Christmas Day. If and when there were gifts, they would appear on Three Kings Day. Traditionally, children would collect fresh grass and put it in a box to feed the Magis' camels, which would be hungry after having crossed the desert to arrive at Aibonito. We'd also put out water for them, because they'd be very thirsty. The reasoning behind all this was to remember how the Three Kings brought gifts to Baby Jesus, like our parents would do for us. On the morning of Three Kings Day, my aunts and uncles would also drop off some small gifts.

I remember holding on to these beliefs a lot longer than other friends, some of whom would call me ignorant when I talked about the coming of the Magi. I never thought much about it because my brothers, who were older than me, believed in all of this. Who was I to question their beliefs?

When I was in middle school in the United States, I remember going out of the house to look for green grass for the camels, but the ground in Chicago was covered in snow. It was quite a chore to find even a little green grass in January, but we did it, and our tradition continued.

But then I remember getting up that night to drink water and I discovered my oldest brother throwing the grass into the garbage. We looked at each other, and it was then that I knew they had been doing it all just for me. From that year on, we stopped preparing for the arrival of the Three Kings. Surprise! The Three Kings no longer existed. I was too old for them.

DON'T GET LEFT BACK

So many people put the fear in me of having to repeat the school year, especially because my English was not very good. The classes were hard, but I did my best to learn. Now, I always liked school. In Aibonito, I even had a scholarship because of my good grades. In Chicago, there were no scholarships and, besides, I wasn't a good enough student in English.

I remember looking intently at the teachers' lips and trying so, so hard to decipher what they were saying. The worst was geography class, where I was taught the foreign names of lakes, rivers, towns and other places in the United States, but there was no mention of Puerto Rico. I had to learn the names of more than forty states, other seas and other countries. I might have already known their names, but it was hard to translate the information that I already knew from Spanish into English. I used to love history and geography, but now I didn't understand these subjects.

That's how it went the first year of school, I was surviving it. When classes were over for the year, I was suddenly panicked about not being promoted. My parents came to pick us up in the church bus on the last day of classes. As soon as we got on and took our seats, my brother and I tore open the envelopes that held our report cards. We were praying for a miracle. We looked: we had earned Ds in almost all the classes. This meant we had been promoted, not left back. We had the greatest celebration on that bus. My parents were happy and we were relieved. Surprise! I wasn't a dummy.

WHERE THE HECK IS VINELAND?

It may be hard to believe, but I made good friends in Chicago. I learned English and got good grades. My brother's girlfriend taught me how to manicure my nails. I also learned how to make snowballs. My parents were happy at their jobs. And I learned how to get out of the house through the fire escape to visit the neighbors at night. It wasn't such a daring deed because my brothers were always with me.

On Valentine's Day, the cutest boy gave me a flower and said, "I love you." Then one day, my parents said that our neighborhood was bad because of all the gangs. Their solution: we would move to Vineland, New Jersey, and stay with Papi's relatives. Surprise! I had to leave Chicago and my first love behind.

ON THE MOVE

In Vineland, we had more cousins than we could count. They all spoke to us very slowly as if we were from another planet. But we hadn't just arrived in the United States; we had already lived in Humboldt Park, Chicago, for a year. Plus, I thought of myself as an expert in English. It was humiliating to be spoken to so slowly. At that point in my life, I'd roll my eyes as if I was possessed whenever I was embarrassed.

In New Jersey, we shared our aunt's apartment in Broadlawn Terrace. Some of our cousins lived in that same building, and we could play with them, share things and argue. An unwed mother with a baby lived on one of the upper floors. I remember how carefully she would take each step down the stairs with the baby in her arms. On another of the upper floors there lived a lady who thought she was better than us. One day, she started screaming, accusing us of having brought cockroaches into the building. Surprise! People thought we were like roaches.

MY ESCAPE

It's like a rite of passage to run away from home. Here in the United States, every kid does it sooner or later. I never thought it would cross my mind to run away, but the rules here were so different, especially since my parents had brought us to this place where everything was so different. I ran away from Broadlawn Terrace because my parents invited about ten cousins to come live with us, and I couldn't put up with it.

I remember escaping out the window and, by the time I looked back, I had run so far that I had to continue. I ran through the patios of many private homes. It was Christmas, because I remember that the patios had Christmas lights on that luckily lighted my way. I ended up at one of my friends' houses.

My parents came for me, and I had to go back. From then on, my parents were always afraid that at any time I might run away again and disappear. Surprise! I could not escape my destiny in New Jersey.

YOU'RE NOT BILINGUAL ANYMORE

When we started school in Vineland, we were placed in bilingual classes, even though we spoke English well enough. The students in the class were from various countries: some from Puerto Rico, but others were from Mexico, Colombia, and the Dominican Republic. I was able to adapt once again and make good friends. The teacher was very young. The students didn't respect her, so they made fun of her. I wanted to fit in, so I, too, didn't always behave.

Classes there in Jersey were kind of strange. I understood that the purpose of the bilingual classes was to teach us English, so why was everything taught in Spanish? When I lived in Puerto Rico, I had English classes, where we learned that song: "*Gallina*-chicken, *pollito*-hen, *lápiz*-pencil *y pluma*-pen, *ventana*-window *y piso*-floor, *maestra*-teacher *y puerta*-door." I was so hungry to keep on learning English.

I had made some friends at school, but the ones who were really, really close to me and understood me were my bilingual classmates. I could be myself,

in Spanish, with them and vice versa. We were inseparable. But that was to end. One day, the counselor
called me to her office, like when you're in trouble.
She informed me that I wouldn't be continuing in the
bilingual class anymore. Surprise! "You speak enough
English. Tomorrow you start in the regular classes.
Congratulations."

THE CRUSH

Almost every middle school girl falls in love with one teacher or another. For me, it was the science teacher, who was friendly and very intelligent. I remember counting the minutes in my other classes until it was time to go to his classroom. Science class was longer than the other classes in order to give us more time to do experiments. That didn't bother me in the least, because time spent with him was never a waste.

I was a good science student, and I studied especially hard to make an impression on him. Every morning, I would dress up just for class. The only make-up Mami allowed me to use was lip gloss. But I put on some make-up anyway after the bell rang at the end of the class before his. My "look" would last the 80 minutes of science class.

Back in the 1980s, the style was to have bangs, kept in place with lots of hair spray. I always entered the classroom with my lips shiny and my bangs stiff, my jeans high at the waist and tennis shoes. I always wore blouses in various bright colors.

Someone said I was after the teacher. Although he was very nice to me, he suddenly began asking me to sit further away from his desk. That's when I got the message. Surprise! The teacher is not in love with you.

THE HICKEY

Whenever photo day arrived at school, I'd get up early to do my hair. I knew that everyone would dress up pretty to look good in the photos. On the school bus, I'd know which girls had parents who didn't let them use make-up, because they'd be applying lipstick on their ride to school.

On one of those days, I got up very early to curl my hair with a curling iron. Everything had to be just right. I'd put on a pair of green pants and a blouse that went well with a sweater over it, just to create a different look. I always wore my hair too long. It would take me so much time to curl that bushy mess.

I remember that when my brothers got up they started rushing me so they could use the bathroom. I tried to hurry with the curling. I hurried up, making miles of curls while they kept knocking on the bathroom door. In all that haste, the curling iron got tangled in my hair, and I burned my neck. It really hurt. When my brother heard me scream, he thought I had slipped and fallen or something. He opened the door to the bathroom and I ran to put butter on the burn, because in our home butter was a remedy for everything. The burn kept on throbbing. Even worse, the burn looked like a hickey—you know, the one that a guy gives a girl to let everyone know she's his girlfriend. Surprise! I took the worst photograph of my life.

HALLOWEEN

In Puerto Rico we never celebrated Halloween. The *vejigantes* were a more important tradition there. The *vejigantes* were men disguised as demons in commemoration of the time that the Spanish Christians had fought against the Muslim Moors. I remember being afraid of their three-horned masks, and Mami didn't like them either.

In the United States, Halloween is very big, especially at school. Now, I've always liked dressing up and putting on make-up. And I was so envious of all my classmates who got to wear different costumes. I felt left out of that very special celebration in our new life. I hardly spoke English; I wasn't allowed to go anywhere without my brothers and I couldn't participate in the fun at school.

One Halloween, I decided that I would have a costume. I didn't want to continue to be just an observer. I looked around for stuff and dressed up as a hippie with bell-bottom pants, a bandana on my forehead and a blouse without its lower half. That day, I joined in the fun.

My friends thought my disguise was unique because I had invented it completely. I laughed so much that day. When I got home, I forgot that I was wearing the costume. When my super-religious mother saw me, she said, "Those who idolize Satan will not enter the Kingdom of Heaven."

Surprise! "You'll go to Hell!"

A PUSH FROM BEHIND

My older brothers' buddies would visit the house, and it was natural that we became friends. They'd come visit "my brothers," but I knew they wanted to see me. One of them was really nice and would help me with the homework I didn't understand. He was Puerto Rican and, because he went to our church, my family liked him.

One day at school when I was headed to class, I felt a push from behind and a tug on my hair. I almost fell down the stairs and, when I looked back, I saw it was the girlfriend of the guy that used to come by the house. She was very angry with me, but I didn't know why. Well, she pulled at my giant earrings, the ones we used to wear in the eighties, and it almost tore through my earlobe. A large crowd formed as we pushed and shoved each other. Surprise! I was almost kicked out of school.

FROM STUDENT TO TEACHER

After that attack at school, my behavior went downhill. I was undergoing so many changes, physically and emotionally. I just couldn't concentrate on my studies. I started ditching classes and talking back to the teachers. I was incorrigible; it got to the point that they were about to suspend me. One day, the school principal called me to his office. I stood there quaking in fear in front of his desk, awaiting my punishment. To my surprise, he said, "Look, your English isn't bad." He then proposed for me to serve as an interpreter for the families who only spoke Spanish that came to have meetings with him. I felt so mature. He warned me that I'd have to behave in order to assume that special responsibility. Well, besides it being an honor, I was attracted by the opportunity to find out all the dirt on the students that were sent to his office. So I accepted. And because I was good at it, they also assigned me to help the students in the bilingual classes learn English. I'd go help out in various bilingual classes during my study hall. Surprise! I had gone from being a student to being a teacher.

THE CHEERLEADER

I was always interested in cheerleading. The cheerleaders always looked so pretty in their uniforms, wearing blush on their cheeks, ribbons in the school colors and little starched skirts. Don't forget all the attention the boys gave them. I found out that they were having cheer squad tryouts at my middle school with the possibility of also continuing on to cheer in high school. I got right down to preparing myself and practicing with a girlfriend. We danced, shouted and even tumbled the way we had seen on TV, singing at the same time.

The day of the tryouts finally arrived. I was really nervous. My friend and I arrived all flustered, but we were able to practice our moves off in a corner. The teacher in charge of training the cheerleaders talked to all of us while we sat on the floor in long rows, like in gym class. There were so many of us. I had my hair up in a bun and tied with a large bow. I paid close attention to the teacher, since I was on the verge of being a cheerleader. She explained how it all worked. She told us how much the uniforms cost, how many hours a week we had to practice and that we had to keep our grades up. I remember my stomach tightening when she said that we had to pay for the uniforms and that someone had to pick us up from practice every day.

My enthusiasm fell through the floor, and I started feeling depressed. I don't remember what I did in the tryout or if I made the squad. I do remember thinking that it didn't matter, because I didn't have money for the uniform and there was no way for me to get to and from the practices. Surprise! Cheerleading's not for me.

THE LATIN DANCE CLUB

Since my dream of becoming a cheerleader had not become a reality, I forgot about it and looked for another after school activity to get involved in. That's how our Latin Dance Club started at our middle school, actually, it started in the basement of our house. My girlfriends and I would get together to dance salsa, merengue and whatever was popular. Among ourselves we came up with the idea to make it a club. We would continue to get together at my house, that way there would be no need for my parents to take us places and pick us up. We would spend our spare time dancing in the basement and creating choreography for our dance numbers.

Then it occurred to us to ask our principal for permission to put on a unique show at the school. Lots of Latino students attended my middle school, so the principal thought it was a great idea. My girlfriends and I got all excited. Mami would teach us the dance routines, because she was a great dancer. The mother of one of the dancers took us to buy fabric, and another was going to design the costumes. The fabric we bought was black for the skirts and white with red highlights for the blouses, all of which came out identical for the members of the troupe. One of our members was an expert make-up artist and she transformed us magically for the show.

The performance turned out perfect, the dances were perfect, and everyone was very pleased. After that, we were asked to perform for various events. Surprise! We were stars!

THE LOCKER

All students in middle school are assigned a locker, which is a small metal closet in a row of hundreds of others. They have small vents in the door, I think, to allow the airing out of the socks that boys store in them.

Lockers were rather strange to me because in Puerto Rico there was nothing similar. In the United States, on the other hand, students needed a place to stow the overcoats, scarves and hats they had to wear in winter.

At the beginning of the school year, the homeroom teacher would give each student a locker number and the combination for that locker. It was explained to me that you had to turn the locker dial first one way, then another, and then another way to the numbers of the combination, and supposedly the locker door would unlock. I can't remember how much time I spent in the hall trying to unlock it. Most of my friends had already left for class, and there I was still fiddling with the combination lock. When I finally got it open, I was overjoyed. Then I asked myself, "What am I going to put inside?" Surprise! I didn't have anything to stuff in the locker.

MAYBE A BOYFRIEND?

Sometimes my mother would go out and leave us by ourselves. My brothers could certainly stay at home by themselves, but not me. And one of my brothers was only a year older than me! Whether in Puerto Rico or Chicago, and even in New Jersey when I was older, I was not allowed to stay alone. My girl-friends could come to my house, but I was rarely allowed to visit anyone else's house. That's the way it was until one day, Mami surprised me and said I could go visit a male friend at his house. His mother was a very devout and strict Pentecostal, so that's why Mami thought it would be all right. The problem turned out to be that my little friend was too intent on fondling me and worse. We didn't do anything too grown-up, in spite of his persistence.

First, we saw a couple of movies. Then we stuffed ourselves with the dinner his mother fixed us. When it was time to turn in for the night, his mother showed me where I'd sleep, his sister's bedroom—she was away at college. I remember thinking that the sheets were so pretty, like those Mami used in Puerto Rico, so white.

After I had been in bed about an hour, someone knocked at the door. I opened it, and it was the boy. What was he doing there? I remember he started kissing me and he moved me over to the bed. I didn't want that and kind of pushed him away. And when he almost . . . almost . . . his mother knocked and entered, grabbed him and pushed him out of the room.

To this day, I am so thankful for his mother. The boy had been so persistent that I didn't know how much longer I could put him off. I remember that he asked for my forgiveness the next morning while we were sitting on the couch, waiting for Mami to pick me up. Surprise! I was still a virgin.

SOME KIND OF BOYFRIEND

The boy that took advantage of me sexually became my boyfriend. I remember that he would always hug me and smooch me all over in front of the school lockers. My brother Obie hated to see me like that in the school hallway and warned me many times that he was going to tell Mami. This "boyfriend" was too much: he was always feeling me up and kissing me.

He was taking Italian, and I was still taking Spanish. His classroom was next to mine, but only separated by one of those walls that folds open to make rooms larger. There was a space in between the fold of the wall that we used for passing notes back and forth.

One day, his class took a field trip, but he stayed behind in his classroom. He disappeared for a second, and I tried to pay attention to my lesson, but when I looked through the crack again, he was fooling around. He disappeared again, and I continued to look through the crack. I suddenly looked up, and there he was, nude from the waist down. I remember laughing so much and him getting so angry at me. I had no idea what that crazy boy expected. Surprise! I no longer had a boyfriend.

A PREMATURE WEDDING

That same "boyfriend" broke it off with me, probably because I wasn't interested in doing the things he wanted to. According to him, I was boring. I was so sad when we broke up because we had been together a long time. Somehow, I think, when something ends and you feel sad, most of the time it's because you miss the routine. Back then, I didn't want to be without a boyfriend, especially since my girlfriends all had boyfriends. I was ashamed to be "boyfriendless."

I called him a couple of times, but he just hung up on me. Those were weeks of anguish; I had heard that he had a new girlfriend, the pastor's daughter. Now, I always liked to go for walks, 'cause they made me feel better. I was still feeling bad about the break-up, even though some time had passed. One day, I was headed down my street, which was one of the main streets, and I heard a car horn. It was a limousine, and whose head was sticking out of the sun roof but my ex-boyfriend's—and there was his new girlfriend by his side. They had just gotten married. She shouted something to me, but I couldn't hear it over the car horn. I felt so bad.

Later I was told that she had gotten pregnant and that her pastor father forced them to get married. Surprise! You're not going to have a premature wedding.

THE EIGHTH-GRADE DANCE

Middle school dances in the United States are full of pomp. They have dances for no reason at all, not just for special occasions. I learned that the most important part of the whole dance thing is the girl's dress.

By the time my eighth-grade dance for St. Valentine's Day arrived, my family's finances had improved. Papi had his own business in which we all helped cleaning, dusting, mopping, waxing floors in banks. So now we could shop at the mall, where they had fruit smoothies and you would run into all your friends. Mami took me there to buy a dress for the dance. We looked in a lot of stores. I wanted something unique. Because I have hazel eyes like my mother's, a green dress would show them off, so I was looking for an emerald green one. And, I did end up getting a strapless dress with emerald green sequins.

I was very happy. I put my hair up with a lot of rollers and used the curling iron to keep my hair above my neck and shoulders. Although it was a strapless dress, its skirt was full from my waist to my knees. I don't know how he arranged it, but my uncle took my date and me to the dance in a beautiful convertible.

At the dance I remember that very fine and elegant music was played. But the whole hall was decorated in red, for Valentine's Day . . . red balloons, everything red, so pretty. Then one of my girlfriends remarked, why I had chosen a green dress? I didn't realize it until I saw myself in a mirror. Surprise! I looked like a Christmas tree.

SKIRTS UP!

In middle school, kids often played ugly pranks on each other. At that age, they didn't have much consideration for each other. In order to fit in with a popular group, at times kids felt it was necessary to do something that hurt others.

One day, I was in science class, working at one of those high tables where we used the microscopes and other materials for experiments. I loved that class. I had a short skirt with a high bib on, which was kind of loose on me. I was so focused on my experiment that it was hard to break my concentration. I remember that my table was facing the window, which let in a lot of light over my project. Suddenly, silence fell over the classroom and I glanced behind me. It was too late. A boy, I guess on a dare, had lifted my skirt up, and everyone could see my panties and cheeks. I pushed him really hard. Of course, the teacher saw me do that but not what the boy had done. He immediately sent me to the counselor's office.

I had no trouble explaining to the counselor what that boy had done to me and that I was so humiliated. With a very calm voice, he agreed that I had reacted correctly and that he would talk to the little nuisance.

The next day, the boy was very quiet and he asked to be forgiven. Later, I found out that the counselor had called his parents and told them about the hurtful way he had treated me. As punishment, his parents forbid him to play baseball for a while. Surprise! He paid harshly for his rudeness.

BABY MOMMA

I was lucky to have good girlfriends in middle school. They were not the most popular girls, but they were very lovely and they treated me with dignity. They were like me. One of them, a pretty Colombian, had a boyfriend in our grade. If my girlfriend and her guy were in the library when we arrived, they'd soon disappear. She told me that they would do sexual things in the library parking lot under a tree. I remember telling her, "Oh no! What if someone sees you?!"

They were convinced that they were made for each other. I would always ask her questions, because she had a lot of experience. One day she confessed that she was pregnant and didn't know what to do. I felt badly for her. Now, whenever I saw her she was so sad.

I was so afraid to get pregnant, and her plight scared me even more. I remember asking her detailed questions about how she got pregnant, so that I would not make the same mistake. Like her, there were other kids our age who were sexually active. Surprise! I was going to be an aunt.

EIGHTH-GRADE GRADUATION

Here in the United States, they have graduations for everything, even if you swat a fly. I remember what my mother said when her sister-in-law invited her to her daughter's graduation from kindergarten: "What does she know, how to go to the bathroom?"

At the end of eighth grade, I graduated from middle school. I remember what was most important was what I would wear for the ceremony. Mami bought me a tight-fitting white dress and an imitation pearl necklace and earrings.

When I arrived at the ceremony, I sat down among the rest of the students as if it was no big deal. I noticed that the students who were considered brains kept getting up and then returning to their seats and that their names were called out a lot, well, because they had earned the best grades. I felt kind of small because the only thing that distinguished me was a pretty dress. The only time I was called to stand up, I received the same paper that everyone else got. Surprise! I was going to high school and I felt like I was still behind everyone else!

NO QUINCEAÑERA

Sweet Sixteen is celebrated elegantly in the United States, which was strange to me. A girl's fifteenth birthday is much more important for Puerto Rican families.

By the time I turned fifteen, Mami and Papi were no longer together. It was getting to that time when we had to plan my *quinceañera*, which for Latino families required almost as much preparation as a wedding.

At that time, Mami had a boyfriend who wanted to impress her. We were in my mother's tiny apartment when they called me to the kitchen. Mami and her boyfriend told me that they didn't have enough money to give me the traditional fifteenth birthday party, but that they could buy me round-trip tickets to visit Puerto Rico. The one condition they placed on the deal was that I had to take an older girlfriend with me. I accepted.

I returned to my old town, Aibonito, saw my old friends and visited the shops in my old neighborhood. I also went to Old San Juan with my uncle. I remember that I wore clothes too heavy for the beating sun that day. I had become accustomed to the climate in the United States and had not packed appropriately. My friends from elementary school did not remember me much, and I felt out of place. Surprise! My fifteenth birthday gift was a trip to a place where no one remembered me.

IN CLOSING

Surprises can be wonderful or unfortunate. With this little book, I wanted to bring to light everything that surprised me when I came to the United States and got accustomed to life here. The surprises that were disagreeable will hopefully serve to make someone who is going through something similar feel they are not alone. We have to remember the good surprises because they make people happy and fill them with hope. Good surprises make people smile and gain confidence in themselves. We also have to remember those that are not so good, especially those bad surprises we experience specifically because we are women, because we are Spanish-speakers and because we are new to this country.

EL BAILE
DE
OCTAVO
Y OTROS RECUERDOS

Ada De Jesús

PIÑATA BOOKS
PIÑATA BOOKS
ARTE PÚBLICO PRESS
BOOKS HOUSTON, TEXAS

¡Piñata Books están llenos de sorpresas!

Piñata Books
An imprint of
Arte Público Press
University of Houston
4902 Gulf Fwy, Bldg 19, Rm 100
Houston, Texas 77204-2004

Diseño de la portada de Mora Des!gn

Names: Jesus, Ada De, author.
Title: El baile de octavo y otros recuerdos = The eighth-grade dance and other
    memories / por/by Ada De Jesus ; traducción al inglés de/English translation by
    Nicolas Kanellos.
Other titles: Eighth-grade dance and other memories
Description: Houston, TX : Piñata Books, 2019. | Audience: 7-8.
Identifiers: LCCN 2019011637 (print) | LCCN 2019017749 (ebook) |
    ISBN 9781518505829 (epub) | ISBN 9781518505836 (kindle) |
    ISBN 9781518505843 (pdf) | ISBN 9781558858855 (alk. paper)
Subjects: LCSH: Jesus, Ada De. | Puerto Rican middle school students—
    UnitedStates—Biography—Juvenile literature. | Minority high school
    students—United States—Biography—Juvenile literature. | Puerto Ricans—
    United States—Biography—Juvenile literature.
Classification: LCC E184.P85 (ebook) | LCC E184.P85 J47 2019 (print) | DDC
    305.868/7295073—dc23
LC record available at https://lccn.loc.gov/2019011637

Impreso en los Estados Unidos de América
mayo 2019–junio 2019

5 4 3 2 1

ÍNDICE

AGRADECIMIENTOS

Doy gracias a Dios y los caminos de su palabra. Doy gracias a mis padres, Irma y Dennis, porque en momentos difíciles tomaron un paso ciego creyendo que sería para bien. Fueron valientes.

Agradezco a mis hermanos, Richard y Obie, por acompañarme en los momentos entre estos capítulos. A mi esposo, Julio, por su apoyo y comprensión: eres mi mejor sorpresa. Y a mis princesas, Lili y Julie: espero poder brindarles mil sorpresas bellas, ya que son mi inspiración y la luz de mis ojos.

Las fotos incluidas en este libro representan algunas de las anécdotas de mis años de escuela intermedia. Hace unos años hubo un incendio en la casa de mi mamá y lamentablemente perdimos muchas fotos que documentaban los primeros años de mi familia en los Estados Unidos.

Le dedico este libro a mi madre, Irma Burgos. Ahora que soy madre de dos hijas entiendo tanto y a ella le quiero decir: "Eres más fuerte de lo que piensas, te amo".

SORPRESAS

Esos años de la escuela intermedia a la preparatoria, de 11 en adelante, son los más difíciles para todas las personas. Sin ninguna ayuda, este tiempo moldea a un joven, sobre todo cuando tienen momentos vergonzosos. Para complicar mi situación personal, en el transcurso de esos años surgieron muchas mudanzas. Creo que mi vida hubiese sido más difícil si hubiese pasado esos años en un solo lugar. El estar ambulante me otorgó el lujo de no pensar siempre en lo pardo de las situaciones. De lugar en lugar, como en bicicleta, si uno sigue pedaleando, pues no se cae tanto, como decía Albert Einstein. Pienso que cada mudanza, cada apartamento, cada comienzo nuevo brindó la oportunidad de sobrepasar cada desventura. Si me hubiese quedado en el caserío de Aibonito, Puerto Rico, no habría aprendido tan pronto cómo defenderme. Esa nueva vida que emprendimos en los Estados Unidos, primero en el medio oeste y luego en la costa este, estuvo repleta de sorpresas.

HUGO

En septiembre de 1989 todo el mundo en el barrio hablaba de lo fuerte que iba a ser el huracán Hugo, que se acercaba. Vi a personas cargando con cajas y botellas de agua del supermercado. En las cajas desbordaban latas de salchichas, salchichón del largo, bolas de queso, rollos de papel de baño y, entre otras cosas, pasta de guayaba. Nosotros no teníamos cómo prepararnos como hacen los que tienen un poco de dinero para guardar en el banco. Nosotros vivíamos para el momento según lo que entraba de los trabajitos que hacía Papi y lo que los cupones del gobierno podían cubrir. Como vivíamos en el caserío y no era muy seguro, nos fuimos antes de que empezara la tempestad a casa de mi abuela. Su casa era de cemento y pequeñita pero nos acomodamos bien.

Me acuerdo que Papi salió a fumar un cigarrillo de última hora, y Mami estuvo ansiosa porque cerrara la puerta para escondernos de lo que venía. Los vientos empezaron y la lluvia no tardó. Como las ventanas tenían póstugos de metal, se escuchaba la lluvia

todavía peor de lo que era, no como gotas de agua sino como canicas gigantescas y rapidísimas, una detrás de la otra. La noche fue larga entonces. Los aguaceros y los vientos no se cansaban de dar fuerte en las ventanas. Mi abuela rezó la noche entera, y Mami también pasó la noche orando a Dios y al Espíritu Santo. En esos momentos uno mira a las personas grandes para evaluar el peligro de la situación y saber cómo reaccionar. En este caso, las dos mujeres fuertes nos ayudaron a pasar la noche. No recuerdo haber dormido, pero cuando salimos de la casa, todo se veía diferente. Un pequeño pedazo del techo de la casa de mi abuela había volado, y nunca lo encontramos. Como ya todo se había calmado, nos regresamos a nuestro caserío. ¡Sorpresa! No teníamos luz, no teníamos agua ni para bañarnos, y había que caminar a lo que parecía una cisterna ambulante delante de todos los amigos a buscar agua.

PASAJE DE IDA

Nosotros ya habíamos viajado a los Estados Unidos otras veces. Cuando era muy pequeñita nos mudamos para Delaware toda la familia. La estancia no duró mucho y nos regresamos a Aibonito . . . siempre regresábamos a Aibonito.

Presentí que esta vez sería algo diferente, ya que no podíamos regresar por el huracán Hugo. La economía en Puerto Rico andaba de mal en peor. Papi se había ido a los Estados Unidos después del huracán a buscar trabajo, y a Mami le hacía mucha falta mi papá. A nosotros también, pero ya habíamos pasado tanto tiempo con Papi entrando y saliendo que creo que mis hermanos y yo nos estábamos acostumbrando a estar sin él. Escuché a mi abuela decirle a Mami que teníamos que irnos de todo eso para empezar de nuevo.

En Aibonito nosotros no estábamos progresando. Vivíamos en un caserío y me acuerdo que a veces tenía que cerrar las ventanas y no salir afuera porque la policía andaba buscando a maleantes y drogadictos.

Me acuerdo escuchar los helicópteros y a personas gritando con mucha frecuencia. Mami no estaba muy convencida cuando aceptó los pasajes de ida que nuestro pastor nos regaló. Me despedí de mis amigos a la hora de recreo. Me acuerdo que ese mismo día en clase, mi maestra le decía a otra que nosotros estaríamos de regreso en unas semanas porque teníamos reputación de hacer eso. A veces nos íbamos para "afuera", como dicen cuando uno se va para los Estados Unidos, pero Mami no se acostumbraba, y antes de que nos extrañaran, estábamos en Aibonito otra vez. Recuerdo haber pasado uno que otro mes en Delaware con los inmigrantes viviendo en los campos. Para esto yo era muy pequeñita y no me molestaba tanto. Pero esta vez era muy diferente porque no teníamos pasaje de vuelta. ¡Sorpresa! Esta vez es de verdad.

¡QUÉ FRÍO!

Nos fuimos una noche cuando en San Juan estaba tibio. En mi pueblo de Aibonito siempre hacía una brisa muy tibia pero nunca fría. En Aibonito la altura es un poco más que en el resto de la isla y naturalmente a veces hacía viento leve. Esa brisa del Caribe no me preparó para la orquesta de vientos helados que me sorprendieron al llegar a ese

aeropuerto extranjero en Illinois. Cuando bajé del avión, el frío me congeló hasta las pestañas. ¿Por qué nos tuvimos que ir esa noche del caserío? Recuerdo a Mami en una falda y unos tacos altos y con maquillaje, muy linda. Yo llevaba un traje de algodón blanco como la nieve que me sorprendió bajando del avión. Siempre me pregunto por qué no tenía abrigo y por qué no llevaba pantalones. Pues, yo nunca había tenido la necesidad de un abrigo. Esa llegada frígida a los Estados Unidos fue una de las muchas sorpresas escalofriantes de algunos de mis años ambulantes. A Mami la oí diciendo a mi papá que no se quería quedar y que tomaríamos el primer vuelo de regreso a Puerto Rico.

Cuando llegamos a nuestro apartamento, desempaqué y hasta monté el retrato de mi mejor amigo en la pared, al que le decían Chato. Él sólo me llamó una vez por teléfono cuando salimos de Puerto Rico.

Pasaron las semanas y ¡sorpresa! Estaríamos allí por un buen tiempo.

NUESTRO APARTAMENTITO

En Aibonito nuestro caserío tenía tres cuartos, más un balcón y un jardín. Un cuarto era para Mami y Papi, aunque la mayor parte del tiempo sólo Mami lo ocupaba porque Papi siempre estaba en los Estados Unidos. El otro cuarto lo compartían mis hermanos Obie y Rich. Siempre sentí envidia de que tenían compañía. El tercero era para mí, y siempre me sentía sola. Aún así, el apartamento era cómodo para nosotros. Me acuerdo que la sala era muy bonita con sus cortinas blancas. Era allí donde jugaba a las Barbies con mi hermano medio. Él me decía que primero jugara con los carritos y que luego él jugaría a las Barbies conmigo. Siempre daba el caso que él pasaba poco tiempo con las Barbies y yo más tiempo con los carritos.

Como suele suceder en Puerto Rico, pasamos mucho tiempo afuera al aire libre y podíamos respirar el aire fresco y limpio. Todo esto cambió en Chicago. El apartamento era pequeñito como para un solterón y tenía que servir para cinco personas. Me sentí claustrofóbica cuando entramos. Nuestro nuevo lugar era un apartamento de un solo cuarto, si así se le puede llamar.

Mi papá había comprado una de esas camas que van una encima de la otra para mis hermanos, la cual se colocó a una lado de la sala. Había un comedor de cristal que Papi también había comprado y un sofá pequeñito al frente de las camas. Me acuerdo haberle preguntado a Mami, qué era el aparato que parecía como unos intestinos grandes de metal. Me enteré que era el calentador y hacía mucho ruido. En el pueblo de Puerto Rico no hacía falta eso, ya que teníamos sol todo el tiempo. Me molestaba mucho el ruido que hacía ese aparato porque cuando se calentaba, vibraba mucho.

A Mami la oía diciendo a mi papá que no se quería quedar y que regresáramos a Aibonito. Un día oí que Mami llamó a mi abuela y lloró mucho. Pero mi abuela había vendido todas nuestras cosas y había entregado las llaves de nuestro caserío a los nuevos inquilinos para que Mami no se arrepintiera. ¡Sorpresa! No hay regreso.

NO MÁS JUEGOS

Lo primero que fue sorprendente de *middle school,* la escuela intermedia, fue que ya no había tanto tiempo para recreo. En Aibonito, casi todo era al aire libre. Los estudiantes hasta cruzaban la calle para comprar pastelillos y piraguas en la hora de recreo. Al otro lado de la escuela había una bodeguita donde se podía comprar bombones, maltas, pastelillos y de los dulces que parecían cigarrillos y se formaban en chicle. Me encantaba imaginar que estaba fumando como Mami cuando los compraba. El señor que vendía las piraguas montaba un pequeño espectáculo haciendo como el "Karate Kid" con el hielo con unos movimientos parecidos a las artes marciales.

Otra desilusión al pasar a la *middle school* era que, en lugar de más independencia, había menos. Tal vez es que los adultos sepan que uno ya no es tan inocente y hay que pegar más el ojo a esos que tienen once años o más. En mi caso, fue un cambio demasiado drástico. No sólo perdí el recreo, sino también mi pueblo, mis amigos y el aire libre de la escuelita. En

los Estados Unidos todo se lleva a cabo adentro.
Como el estado de Illinois queda tan lejos de la línea
ecuatorial, hace frío la mayor parte del año. Sólo al
terminar las clases comienza a hacer buen tiempo.
¡Sorpresa! Estaba encarcelada en la escuela hasta las
vacaciones de verano.

¿CÓMO SE DICE ESO?

Aprender vocabulario nuevo es muy importante porque es la base de un idioma nuevo. Mami siempre decía que era importante tener un vocabulario nutrido, y a mí me encantaba aprender palabras nuevas, palabras largas o cortas . . . me encantaban las palabras de domingo. "Las palabras de domingo" era una expresión que usábamos para las palabras extravagantes y especiales. Esto viene de lo elegante que las personas se atavían los domingos para ir a la iglesia. Mami siempre fue una mujer muy inteligente y nos enseñaba muchísimas palabras bonitas.

En la escuela en Puerto Rico el vocabulario se anotaba en una libretita chiquita y lo escribíamos en la pizarra. Luego de eso leíamos alguna novela interesante, y como de sorpresa las palabritas aparecían en el cuento. En los Estados Unidos no era así. Todo era diferente.

Cuando llegué a Estados Unidos empecé en el sexto grado, donde todos hablaban inglés. Yo sabía los nombres de los colores, los meses y una que otra

palabrita o canción porque mi papá me los había enseñado.

Un día de vocabulario me tocó la palabra inglesa por recibo: *receipt,* con la *p* que dicen es silenciosa como tantas letras fantasmas en este idioma extranjero. Como la te y la hache juntas que hay que sacar la lengua entre los dientes, cosa rara. Entonces a un "amigo" que entendía español le pregunté cómo se pronunciaba *receipt.* Él me "ayudó" y me dijo que gritara, "Recipe". Yo hice lo que dijo con mucho orgullo. Para mi sorpresa, todos se morían de la risa, hasta la maestra. En mi vida he vuelto a pronunciar esa palabra mal y no quiero saber de ella. ¡Sorpresa! Había que volver a aprender a hablar como una niña de dos años.

EL ALMUERZO

La hora del almuerzo en la escuela intermedia es una tortura cuando uno es nuevo. Es durante esa hora que los niños tienen casi todo el control sobre el grupo. Es en esos minutos que se hacen amigos o se destruyen autoestimas tan fácilmente como el parpadear de ojos.

Aunque mi hermano estaba en la misma escuela, su curso almorzaba a una hora diferente. Así que yo estaba completamente sola en una cafetería llena de gente.

Un día yo quería sentarme con alguien pero no había espacio o algunas personas me miraban mal para que yo no me sentara en su mesa. Era una experiencia tan humillante que me hice la que tenía dolor y me fui a la oficina de la enfermera. Ella me informó que si tenía dolor en realidad, podía ir a su oficina todos los días, pero si era necesario podía almorzar en la biblioteca. Me guiñó un ojo. ¡Sorpresa! No tenía que pasar malos ratos a la hora del almuerzo.

LA VENTANILLA

El cuerpo de una niña en la escuela intermedia puede cambiar en un instante. Yo era una de las que se desarrolló temprano. En Chicago, los chicos siempre me miraban mucho. Noté que eso me traía atención, a pesar de no hablar mucho inglés.

Estaba inscrita en las clases de baile de la escuela. Me gustaba bailar porque no tenía que hablar mucho, sólo hacer lo que hacían los demás. En las clases de baile no éramos tan diferentes como en los pasillos de la *middle school*. Estas cortas horas de práctica ofrecían la oportunidad de conectar con los demás sin mucho prejuicio.

Mami bailaba muy bien y me había enseñado cómo bailar. Yo tenía experiencia y sabor, más de lo que pensaba.

Una noche tuvimos un espectáculo, y me tuve que cambiar en uno de los salones de clase. Me quité la ropa de la escuela para ponerme el vestuario del show. No me di cuenta. . . . Unos chicos me estaban mirando por la ventanilla de la puerta. ¡Qué vergüenza! ¡Sorpresa! Me lo vieron todo.

EL MÉDICO ESTÁ LISTO

Ir al médico desde la edad de once en adelante es un horror. Es tan incómodo. El cuerpo de uno está cambiando, y uno se siente como que no sabe ni quién es. La pregunta que te persigue es: "¿Eres sexualmente activa?" La enfermera de la escuela te hace la pregunta aun si la visitas porque te duele un ojo. En el médico, Mami siempre entraba conmigo. Entonces era todavía más incómodo.

A los once años tuve que ir al médico para las vacunas que se acostumbran en los Estados Unidos y la pregunta de horror dio su llegada. Miré el piso, miré el reloj, miré a Mami. El médico esperaba y esperaba la respuesta con sus papeles y bolígrafo en la mano. Yo no era sexualmente activa, pero como estaba algo confundida en lo que significaba "sexualmente activa", no sabía cómo explicar o contestar. Entonces me acuerdo que grité: "¡NO!" ¡Sorpresa! ¡Ahora todos piensan que no eres señorita!

PIERNAS DE HORROR

Nunca había tenido mucho pelo en las piernas. Pero un día me levanté y, como de la noche a la mañana, tenía las piernas peludas. Lo bueno de Illinois es que en el invierno todo el mundo usa pantalones por el frío. Entonces nadie se da cuenta de lo que uno tiene en las piernas. En el verano, sí es un problema. El calor de acá es muy diferente al de la isla. El calor en los Estados Unidos, por lo menos en Chicago, le acompaña una humedad insoportable.

El día que descubrí que mis piernas estaban peludas sucedió cuando era tiempo de empezar a usar falditas y pantalones cortos. Como me preguntaban mis amigas que por qué seguía usando pantalones, decidí afeitarme. No sabía nada de eso, y entonces puse la navaja de Papi a la pierna sin nada de agua ni crema de afeitar. Me corté tanto que entonces tuve que andar con medias nylon casi todo el verano hasta que se me sanaron las heridas. ¡Sorpresa! Parecía entonces que tenía las piernas de una película de horror.

CARA DE PASTA

Los barritos son tan molestos y una pesadilla para toda chica o persona de edad de *middle school*. Cuando por la tarde aparecen dos o tres, no sabes si sus primos y vecinos van a aparecer en tu cara por la mañana. Alguien me aconsejó que la pasta de dientes era buenísima para eliminar rápidamente esos pequeños monstruos.

Me habían aparecido algunos barritos en la barbilla y decidí tratar la pasta. Me embarré un poco en la barbilla y me acosté a dormir. En la mañana siempre era difícil tener mucho tiempo en el espejo, ya que tenía dos hermanos mayores, y la novia de uno de ellos vivía con nosotros. Todos usaban el baño pequeñito. Esa mañana sólo me alcanzó tiempo para cepillarme los dientes y para la escuela me fui.

Cuando pasé al baño como al tercer periodo, me miré en el espejo y pensé: "¿Por qué no me lo dijo nadie?" ¡Sorpresa! Tenía cara de pasta.

MAQUILLAJE

El maquillaje es como un rito de paso en la adolescencia de una niña. Fue una de las etapas más emocionantes cuando Mami me dejó usarlo.

Cuando Mami usaba maquillaje, se veía tan linda. Me gustaba cómo le sobresalían los ojos verdosos. Como yo tenía casi los ojos del color de Mami, yo estaba loca porque ella me dejara ponerme sombra.

Me acuerdo que fue todo muy gradual. Primero me autorizó sólo el pintalabio rosado que casi no se notaba. Pero yo usaba mucho brillo y lo retocaba cada dos segundos ansiosamente. Luego pude usar colorete sencillo de un tono más oscuro que mi piel. Tengo los ojos café claros, y el día que pude usar sombra, ¡fue lo mejor! Me encantaba usar sombra amarillita porque hacía resaltar mis ojos. Todos me decían que tenía los ojos muy bonitos. ¡Sorpresa! Pareces una payasa.

AQUÍ LOS MAESTROS NO MANDAN

En Puerto Rico, los maestros mandaban. Los médicos y los maestros estaban como en la misma categoría de prestigio. Se les respetaba igualmente, y a veces a los maestros más. Si yo me atrevía a llegar a casa y decirle a Mami que el maestro o la maestra me había regañado, la pregunta siempre era la misma: "¿Qué hiciste TÚ para que te regañaran?" Esta situación siempre terminaba en una visita de Mami a la escuela, y yo siempre perdía. Los maestros en Puerto Rico eran irreprochables, y los padres no dudaban de ellos. Creo que era un poco sobrepasado, ya que algunos maestros se aprovechaban de esto. A mí una maestra me sacaba al pasillo y me daba en la mano con una regla cuando me salía de lugar. A mi hermano mayor también le dio un profesor con un libro en la cabeza.

Fue una de la razones el por qué se me hizo tan difícil acostumbrarme a la escuela en los Estados Unidos. Desde el primer día me di cuenta que a los maestros no los respetaban aquí. Me acuerdo de las chicas que les daban miradas de muerte a las maestras

jóvenes y bonitas y de los varones levantándose de sus sillas sin permiso. Casi nunca los castigaban. Yo llegaba a casa llorando porque no me acostumbraba a que los estudiantes mandaran a los maestros. Este tipo de falta de control me daba ansiedad, ya que no me sentía segura ni en casa ni en la escuela. ¡Sorpresa! Aquí mandan los niños.

QUIQUIRIQUÍ

En Puerto Rico la menstruación de una joven se llama "la regla". Me imagino que se llama así porque tu vida cambia y ahora hay otras reglas a seguir. En los Estados Unidos le llaman "el periodo", algo muy científico como el periodo de tiempo de una menstruación.

Yo supe de la regla y otras cosas porque mis hermanos eran mayores y siempre había chicas de su edad en mi casa. A veces por complacerme, ellas me hablaban de estas cosas. Mami también me habló de eso. Yo no tenía prisa de que me pasara. Aún sabiendo que era inevitable, no pensé que a mí me pasaría.

Un día estaba en clase y de repente sentí algo diferente. Me acuerdo que no quería salir del baño. Papi me buscó y yo con vergüenza. Nunca entendí por qué Mami no fue a buscarme ese día. Últimamente le pregunté y me dijo que no se acuerda. Me pasó esto a fines de sexto grado. Esa noche Mami invitó a mucha

gente para celebrar que "Me cantó el gallo", como dicen en Puerto Rico: "Quiquiriquí". Yo quería hacerme invisible. ¡Sorpresa! Ahora eres una mujer, y todos lo saben.

EL *SHELTER*

La palabra *shelter* significa albergue. La palabra y el lugar, se supone, invitan a las personas que no tienen opciones y que necesitan refugio de la lluvia, la nieve, el frío y a veces el calor sofocante del verano. El albergue para la gente sin techo también provee comida y un lugar dónde limpiarse y dormir.

Nosotros no nos mudamos a un *shelter*, pero mis papás trabajaban en uno. Es interesante pensar que nuestra familia no era tan diferente a las que necesitaban el albergue, ya que nosotros también necesitábamos la misma protección de los mismos elementos.

Yo tenía mucho orgullo porque mi papá trabajaba como jefe de un albergue. Vi muchas familias que llegaban al lugar hasta con bebés. Algunos niños de mi edad tenían que dormir en el piso de un gimnasio entre multitudes de personas. Era súper humillante e incómodo. Esto me ayudó a manejar los días en *middle school* un poco mejor. Yo pensaba que, por lo

menos, no tenía que dormir en un *shelter* con cientos de personas.

Cuando Papi estaba a cargo del *shelter* preparaba sus famosos panqueques y divertía a los refugiados lanzando los panqueques en el aire y haciéndolos aterrizar en el sartén. Mami también ayudaba mucho, especialmente con la comida. A todos les encantaba su comida. Mami se veía contenta de ser parte de algo especial, y Papi también. Yo me sentía bien porque mis papás eran jefes de un lugar. Ellos fueron una buena pareja por un tiempo, ayudando a los demás. ¡Sorpresa! Mi familia tiene un llamado.

EL DRAMA DE MARÍA Y JOSÉ

Cuando los niños aprenden un idioma nuevo, la mayoría del tiempo aprenden las palabras groseras primero. Para los demás es un gran espectáculo escuchar a los niños que no hablan su idioma decir esas cosas. Todo el mundo se ríe y piensa que es muy divertido. Yo también aprendí algunas palabras no muy bonitas en inglés antes que nada. En la escuela intermedia, decir esas palabras es muy gracioso. Pero es más gracioso cuando la persona no entiende su significado. Entonces el chiste es doble.

Como el pastor de la iglesia nos ayudó a llegar hasta Chicago, nosotros íbamos a la iglesia los domingos sin falla. Una Navidad, aunque no hablaba muy bien el inglés, me pidieron ser parte del drama del nacimiento de Jesús. Sin pensarlo dos veces, me asignaron el papel de María. Tenía que decir unas líneas que me enseñaron y que yo practicaba muchas veces ante el espejo. Cuando llegó el momento de recitar mi parte en el micrófono, se me olvidó todo.

Entre lecciones de la escuela y Papi, que me ayudaba con el inglés, lo más fácil de aprender eran las palabras groseras. En ese momento sólo me acordé de cómo se dice "coño" en inglés, y en el micrófono dije: *"Damn it!"* ¡Sorpresa! No es gracioso decir "coño" cuando estás vestida de María en la iglesia.

MEDIAS APESTOSAS

Bueno, yo siempre fui limpia, pero había cosas que estaban fuera de mi control en esos años de *middle school.* Cuando lavábamos la ropa en Puerto Rico, ésta se tendía afuera para secarla. Prácticamente en minutos todo quedaba muy limpio y seco. Cuando vinimos a los Estados Unidos teníamos que lavar y secar la ropa en una lavandería. Eso era pesado para mí: horas en el *laundromat* con docenas de personas lavando ropa y peleando por las canastas. Era un poco agobiante para Mami también.

Había domingos en que Papi se llevaba la ropa en bolsas de basura y luego la ropa regresaba limpiecita como por arte de magia, pero tomaba tiempo.

Un domingo, la ropa no se había lavado, y yo tenía que ir a la escuela el lunes. Por el frío que siempre hacía acá, siempre me ponía medias gruesas. Decidí lavar unas medias de mi hermano y las dejé en el radiador de metal para secarse. Por la mañana, todavía estaban húmedas, pero yo las necesitaba. Me

las puse de todas maneras, pensando que durante poco se secarían.

Mientras pasaron las horas en la escuela, las medias se pusieron muy, muy apestosas. Yo evité estar cerca de muchas personas y me senté sola a almorzar, y cuando casi el día estaba terminado, hubo como una emergencia y nos metieron a todos en el auditorio. Todos estábamos juntitos. Lo único que yo podía pensar era la vergüenza de mis medias apestosas. Había unos chicos del curso que eran patrulleros. Llevaban correas blancas en la cintura y en el hombro y cuidaban de la seguridad de los estudiantes. Ellos estaban a cargo de nosotros aunque eran de nuestra edad.

Me acuerdo que nadie se quería sentar conmigo porque decían que algo apestaba. Una patrullera de pelo cortito me miró y me guiñó el ojo: "¿Qué olor? Yo no huelo nada", dijo. Y se dirigió al patrullero con la nariz fruncida y le dijo: "A lo mejor eres tú". Recuerdo que pensé que ella sabía que yo apestaba. ¡Sorpresa! Hay gente buena en *middle school*.

UN CHICO SIN HOGAR

Nosotros pasábamos mucho tiempo en el *shelter* donde trabajaban Mami y Papi. Había muchas familias que llegaban y se iban, a veces sin uno saber de dónde vinieron o adónde iban.

Una vez, había un chico que llegó con su familia. No me acuerdo de su nombre, pero llevaba la cabeza rasurada. Era más o menos de mi edad. Estuvo en el *shelter* muchas semanas y nos hicimos amigos. Jugábamos baloncesto durante el día cuando sacaban los colchones del gimnasio donde las familias dormían de noche.

Me gustaba pasar tiempo con él porque no hablaba mucho y me trataba bien. Luego de muchas semanas de jugar baloncesto y correr por el *gym* que se convertía en su casa de noche, el chico desapareció. Cuando fui a jugar, me dijeron que a su familia le habían encontrado un apartamento, y se habían ido a vivir lejos del albergue. ¡Sorpresa! Mi amigo ya no era *homeless*, pero yo estaba triste porque no llegué a despedirme.

A LOS REYES NO LES GUSTA EL FRÍO

Nosotros estábamos muy acostumbrados a celebrar el Día de los Reyes Magos en Puerto Rico. El seis de enero era mucho más importante que el día de Santa Claus, el 25 de diciembre. Casi siempre los regalos, cuando había, aparecían el Día de los Reyes. La tradición era que los niños recogían yerba verdecita en una caja de zapatos para cebar a los camellos, que tenían hambre después de cruzar todo el desierto hasta llegar a Aibonito. También se les dejaba agua, ya que tenían mucha sed. La razón de estas costumbres era recordar cómo los reyes le brindaron regalos al Niño Jesús, y así nuestros padres nos brindaban regalos. Mis tíos y tías pasaban a dejar alguito también en la mañana de Reyes.

Me acuerdo tener esta creencia mucho más tarde de lo normal. Muchos amigos decían que yo era muy ignorante porque seguía hablando de esas cosas. Yo no le daba mucha cabeza, ya que mis hermanos, mucho mayores que yo, también creían en todo eso. ¿Quién era yo para cuestionar sus creencias?

Estando ya en los Estados Unidos, me acuerdo que salimos de la casa a buscar yerba para los camellos, pero en Chicago el suelo estaba cubierto de nieve y nos costó mucho trabajo encontrar un pedacito de hierba verde. Aun así lo logramos, y la tradición siguió. Entonces recuerdo haberme levantado a tomar agua y espié a mi hermano mayor tirando la yerba de la caja a la basura. Nos miramos el uno al otro, y entonces entendí que todos lo hacían por mí. Desde ese año dejamos de preparar la llegada de los Reyes. ¡Sorpresa! Los Reyes ya no existían. Yo estaba demasiado vieja para ellos.

NO HAY QUE REPETIR

Muchas personas me inculcaron miedo sobre el tener que repetir el año escolar, ya que no estaba yo a la par con los demás por no saber inglés. Las clases no eran fáciles, y yo trataba muy muy fuerte de aprender. A mí siempre me gustó la escuela. En Aibonito yo tenía beca por mis notas y todo. En Chicago no había becas y, además, yo no era una estudiante sobresaliente.

Me acuerdo mirar los labios de los maestros y pensar tan y tan fuerte en lo que decían. Lo más triste eran los cursos de geografía, porque me estaban enseñando de otros lagos, ríos, pueblos y otras cosas pertinentes a los Estados Unidos y no de Puerto Rico. Ahora yo tenía que saber de cuarentipico estados, de otros mares y de otros países grandísimos. Tal vez yo sí lo sabía pero se me hacía difícil transferir la información que ya sabía en español. Aunque me encantaban la historia y la geografía, ya no las entendía.

Así pasamos el primer año, sobreviviendo. Al fin del año, me entró pánico, pensando que de seguro iba a reprobar. Mis papás nos buscaron el último día

de escuela en la guagua de la iglesia. Tan pronto subimos a nuestros asientos, mi hermano y yo abrimos el sobre donde estaban las notas. Rezábamos por un milagro. Cuando vimos las notas, casi todas eran la letra D, que significaba que habíamos pasado y no nos habían reprobado. Esa fue la celebración más grande en la guagua, mis papás súper contentos y nosotros con un alivio. ¡Sorpresa! No eres bruta.

¿DÓNDE QUEDA VINELAND?

Aunque es difícil de creerlo, en Chicago hice buenas amistades, aprendí inglés y saqué buenas notas. Aprendí cómo cuidarme las uñas con la novia de mi hermano y a hacer bolas de nieve. También aprendí cómo usar el *fire escape* para escaparme a la casa de las vecinas por la noche. No era una cosa tan traviesa porque mis hermanos se escapaban conmigo. Un chico lindísimo me trajo una flor el día de San Valentín y me dijo *I love you* y todo.

Un día, mis papás nos explicaron que donde vivíamos no era un lugar bueno para nosotros por la presencia de muchas pandillas. La solución era mudarnos para Vineland, New Jersey y quedarnos con la familia de Papi. ¡Sorpresa! ¡Tuve que largarme de Chicago y dejar atrás a mi primer amor!

LAS MUDANZAS

En Vineland teníamos más primos que dedos con qué contar. Todos hablaban inglés despacio como si uno fuera de otro planeta. No estábamos recién llegados, ya que habíamos vivido en Humboldt Park, Chicago, casi un año, y yo me creía experta en inglés. Lo encontré un poco humillante que me hablasen tan despacio. Como estaba en la etapa de voltear los ojos como si estuviera poseída, así lidiaba con casi toda situación de vergüenza.

En New Jersey vivimos en el apartamento de mi tía en Broadlawn Terrace. En el mismo edificio, teníamos otros primos con quienes jugar además de compartir y pelear con ellos. En un piso superior del edificio, vivía una mamá soltera con un bebé. Me acuerdo cómo ella bajaba cada escalón con mucho cuidado con el bebé en sus brazos. También en un piso de arriba vivía una señora que se creía superior a nosotros. Un día ella dio unos gritos, diciendo que nosotros habíamos traído cucarachas a su casa. ¡Sorpresa! Nos creían cucarachas.

MI ESCAPE

Dicen que es un rito de paso a otra edad cuando uno se escapa de la casa. Acá en los Estados Unidos todos los chicos lo hacen tarde o temprano. Nunca pensé que me iba a cruzar la mente hacer eso pero las reglas ya eran diferentes porque mis papás nos trajeron a este lugar donde todo se hacía diferente. Yo me escapé de Broadlawn Terrace porque mis papás invitaron como a diez primos a vivir con nosotros, y yo no quería estar ahí.

Me acuerdo que me salí por la ventana y cuando miré hacia atrás, ya había corrido tan lejos que tenía que seguir. Crucé muchos patios de casas particulares. Era la Navidad porque recuerdo que los patios tenían luces navideñas, que por suerte iluminaron mi camino. Terminé en la casa de un amiguito.

Mis papás me buscaron y tuve que regresar. Por muchos años, mi familia creía que en cualquier momento me iba a desaparecer. ¡Sorpresa! No podías escapar tu propio destino en New Jersey.

YA NO ERES BILINGÜE

Cuando empezamos la escuela en Vineland nos inscribieron en clases bilingües, aunque ya hablábamos bastante inglés. Las clases eran con estudiantes de otras partes, muchos de Puerto Rico, algunos de México, Colombia y La República Dominicana. Me volví a adaptar e hice buenas amistades. La maestra era muy joven, y todos le hacían bromas y no la respetaban mucho. Yo quise entonces ser como los demás, y no siempre me porté bien.

Las clases en New Jersey eran muy curiosas. Yo no entendía si el objetivo era aprender inglés, porque todo se daba en español. Cuando en Puerto Rico, tuve clases de inglés, las que te enseñan la canción: "Gallina-*chicken*, pollito-*hen*, lápiz-*pencil* y pluma-*pen*, ventana-*window* y piso-*floor*, maestra-*teacher* y puerta-*door*". Yo estaba loca por seguir aprendiendo inglés.

En la escuela, tuve algunas amigas pero las pocas muy muy buenas que me entendían eran las amigas de las clases bilingües, ya que podía ser yo, en

español, con ellas y ellas conmigo. Formamos un grupo inseparable. Pero eso se iba a terminar. Un día la consejera me llamó a su oficina, como hacen cuando uno se porta mal. Ella me informó que yo ya no debía seguir en clases bilingües. ¡Sorpresa! "Ya hablas suficiente inglés. Empiezas mañana en las clases regulares. Felicidades".

EL FLIRTEO

Casi toda chica de *middle school* se enamora de algún maestro. En mi caso fue el profesor de ciencia quien era muy simpático e inteligentísimo. Me acuerdo contar los minutos en las otras clases hasta llegar a su salón. La clase de ciencia siempre duraba más que las otras, ya que había que hacer tiempo para los experimentos. Esto a mí no me molestaba en lo mínimo, ya que tiempo con él nunca era tiempo perdido.

En ciencia yo era una estudiante dedicada, sobre todo porque quería impresionarlo. Yo me vestía en la mañana para esa clase. Mami sólo me dejaba ponerme *lipgloss* y nada más de maquillaje. Pero, comoquiera me maquillaba unos minutos antes de que sonara la campana de la clase anterior a ciencia, y el *look* me duraba los 80 minutos de clase.

Para este tiempo, en los ochentas, el estilo de la pollina súper elevada con mucho hairspray era lo último. Yo siempre entraba con mis labios brillosos y la

pollina impenetrable, los jeans de cintura muy alta y los tenis. Las blusas variaban de colores muy llamativos. Un día alguien comentó que yo andaba pendiente del maestro. Él era muy simpático, pero empezó a pedirme que me sentara más lejos de su escritorio cada día. Entonces me di cuenta. ¡Sorpresa! El maestro no está enamorado de mí.

EL CHUPETÓN

Siempre que tocaba el día de fotos, me levantaba temprano a peinarme. Sabía que todo el mundo escogía la ropa más linda para lucir bien en las fotos. A las chicas que no las dejaban usar maquillaje, las veía aplicando el pintalabios en la guagua de la escuela.

Uno de esos días me desperté muy tempranito para hacerme rizos en el pelo con tenazas. Todo tenía que estar perfecto. Me puse unos pantalones verdes y una blusa que combinaba con un suéter por encima, para darle un toque diferente. Siempre tuve el pelo demasiado largo. Me tomaba tanto tiempo rizar esa melena.

Me acuerdo que mis hermanos despertaron y me empezaron a ajorar en el baño porque se tenían que preparar. Me apuré a hacerme los rizos. Mis hermanos seguían tocando a la puerta. Traté de avanzar lo más que pude y con la prisa se me enredó la tenaza y me quemé el cuello. Me dolió mucho. Cuando me oyó gritar, mi hermano pensó que me había caído o algo. Entró al baño y yo salí corriendo

a ponerme mantequilla, ya que todo en casa se arreglaba con eso. Sentí un ardor tan grande y lo que era peor, la quemadura parecía un chupetón. Uno de esos que le dejaban a una a esa edad para que los demás supieran que la joven tenía novio. ¡Sorpresa! Me tomé la foto más fea del mundo.

HALLOWEEN

En Puerto Rico no celebrábamos el día de Halloween. Lo más parecido eran los vejigantes, y ellos tenían mucho significado en la isla. Los vejigantes eran hombres disfrazados de demonios que conmemoraban los años cuando los españoles pelearon contra los moros. Me acuerdo tener miedo de esos enmascarados con tres cuernos. A Mami tampoco le gustaban.

En los Estados Unidos el Halloween es grandísimo, especialmente en las escuelas. A mí siempre me gustaba el vestuario y el maquillaje. Me daba tanta envidia que todos mis amigos y amigas se disfrazaran de cosas diferentes. Sentía que yo no era parte de esa celebración tan especial de mi nuevo lugar. No hablaba bien el inglés, no podía salir para ninguna parte sin mis hermanos y tampoco podía participar en las cosas divertidas de la escuela.

Un año durante Halloween decidí que sí me iba a disfrazar de algo, porque yo no quería seguir de observadora nada más. Busqué lo que pude y me vestí de *hippie* con unos pantalones de campanilla, un

pañuelo en la frente y una blusa cortada a la mitad. Y así fui parte de las actividades. Mis amigos encontraron que mi disfraz era único porque lo había inventado. Me reí muchísimo ese día. Cuando regresé a la casa, olvidé que iba disfrazada, y cuando mi mamá, quien era muy religiosa, me vio, me dijo: "Los que idolatran a Satanás no entran al Reino de los Cielos".

¡Sorpresa! ¡Vas para el infierno!

¡QUÉ EMPUJÓN!

Como tenía dos hermanos mayores, hice mucha amistad con los muchachos de los grados más avanzados. Ellos iban a casa a "ver a mis hermanos", pero yo estaba segura que venían para verme a mí. Hubo uno que era muy simpático conmigo y me ayudaba con las tareas que yo no entendía. Él era puertorriqueño, y a mi familia le gustaba porque iba a nuestra iglesia.

Un día cuando yo iba de camino a una clase, sentí un empujón y un jalón de pelo. Por poco me comí la escalera y cuando miré, era la novia del muchacho que iba a casa. Ella tenía mucho coraje conmigo, y yo sin la mínima idea porqué. Yo llevaba unas pantallas enormes como las que se usaban en los ochenta. Y de un arrancón, la pantalla casi me desbarató la oreja. Mucha gente se amontonó, y entonces hubo un tire y jale. ¡Sorpresa! Por poco me echan de la escuela.

DE ESTUDIANTE A MAESTRA

Luego del ataque, mi comportamiento fue empeorando, ya que tanto me sucedía, física y emocionalmente. No podía concentrarme en las materias. Empecé a cortar clases y les hablaba muy mal a los maestros. Me volví insoportable, hasta el punto que me iban a suspender de la escuela. Un día, el director me llamó a su oficina. Yo estaba temblando, esperando mi sentencia. Me sorprendió al decirme: "Oye, tu inglés no está mal", y me hizo una propuesta. Me preguntó si yo podía servir de intérprete para las familias que venían a reunirse con él y no hablaban inglés.

Yo me sentí muy grande. Él me advirtió que tendría que tener buen comportamiento para tomar esa responsabilidad especial. Pues, además del honor de ser escogida, yo quería saber los chismes de los estudiantes que tenían que ver al director. Entonces acepté. Como hice el trabajo muy bien, me nombraron también para dar asistencia en inglés a los estudiantes de las clases bilingües. Yo visitaba las clases y hacía el trabajo de la maestra en varios salones durante mi hora de *study hall*. ¡Sorpresa! De estudiante me pasé a maestra.

CHEERLEADER

A mí siempre me interesó lo de *cheerleader*. Las chicas siempre se vestían muy lindas con sombra de brillo, lazotes de los colores de la escuela, falditas muy almidonadas, y no podemos olvidar que los chicos siempre les daban mucha atención. Me enteré que iban a tener audiciones para el grupo de mi escuela intermedia con la posibilidad de continuar en la *high school*. Yo me preparé y practiqué con una amiga. Nosotras bailamos, gritamos y hasta hicimos esas maromas que veíamos en la televisión, cantando a la misma vez.

El día de las audiciones estaba muy nerviosa. Llegamos mi amiga y yo, muy emocionadas, practicamos en una esquina todos los pasos que aprendimos. La maestra a cargo del entrenamiento habló con todas las chicas. Nos sentaron estilo en filas largas como en la clase de educación física. Había muchas chicas. Yo tenía el pelo recogido en un moño alto con un lazo grande. Me acuerdo haber puesto mucha atención, ya que yo casi creía que era *cheer-*

leader. Ella explicó cómo funcionaba todo eso. Nos dijo lo que costaban los uniformes, las horas de práctica y que necesitábamos buenas notas. En particular me acuerdo que se me retorció el estómago cuando explicó que necesitábamos pagar por los uniformes y que alguien se tenía que hacer responsable de buscarnos después las prácticas.

Mi entusiasmo se pasmó, y me sentí muy desilusionada. No me acuerdo qué hice o cómo hice en la audición. No me acuerdo si me eligieron o no. Sólo me acuerdo pensar que no importaba, porque no tenía dinero para el uniforme ni manera de llegar a las prácticas. ¡Sorpresa! Mejor no seas *cheerleader*.

EL CLUB DE BAILE LATINO

Ya que mi sueño de ser *cheerleader* fue tronchado y echado al olvido, tuve que encontrar otra actividad en qué participar después de clases. Fue así que nació el club de baile latino de nuestra escuela intermedia. De hecho, todo comenzó en el sótano de mi casa. Mis amigas y yo siempre nos reuníamos a bailar salsa, merengue y de todo lo que hubiera. Entre todas tuvimos la idea de fundar un club de baile latino. Nos reuniríamos en mi casa, y así yo no necesitaría que mis papás me llevaran o trajeran de los lugares. Podíamos pasar horas muertas en el sótano bailando y coreografiando los bailes.

Se nos ocurrió pedir permiso al director de la escuela para hacer un espectáculo único. En mi *middle school* siempre hubo muchísimos estudiantes latinos, y así que al director le pareció genial. Las chicas y yo nos emocionamos tantísimo cuando Mami nos enseñó algunas rutinas de baile porque ella bailaba tan bien. La mamá de una de las chicas nos

llevó a comprar tela y otra de las mamás nos hizo uniformes con tela negra y blanca y un toque rojo.

El vestuario final fue una faldita negra, una blusa blanca, todas idénticas. Una de las chicas era experta en maquillaje y nos transformó para el espectáculo.

La noche fue ideal, todos los bailes salieron perfectos y a todos les encantó la idea. Después, en varias ocasiones, nos pidieron que bailáramos de nuevo. ¡Sorpresa! Éramos estrellas.

EL LOCKER

En la escuela intermedia a todos los estudiantes les asignan un *locker*. Es como un pequeño ropero de metal en fila con cientos de otros igualitos. Los estantes tenían pequeñas rendijas, me imagino, para que les entrara el aire a las medias sucias que dejaban los chicos ahí.

Para mí, éste era un concepto raro porque en Puerto Rico no había visto nada semejante. En los Estados Unidos, por otra parte, los chicos necesitaban un lugar dónde poner sus objetos personales además del abrigo, la bufanda y la gorra.

Al principio del año los maestros de salón hogar les daban a los estudiantes el número y la combinación del candado del *locker*. Cuando me dieron el mío me explicaron que a un número se le daba la vuelta hasta llegar a otro y para la izquierda, derecha y dos veces al contrario y supuestamente el *locker* se abriría. No sé cuánto tiempo pasé en el pasillo. La mayoría de mis compañeros se habían ido, y yo dándole fuerte a la combinación. Cuando logré abrir el dichoso *locker*, me puse muy feliz. Después pensé y me pregunté: "¿Qué voy yo a meter ahí?" ¡Sorpresa! No tienes cosas para guardar.

¿POR FIN UN NOVIO?

Mi mamá a veces salía de casa, y mis hermanos y yo nos quedábamos solos. Aunque mis hermanos podían quedarse solos en casa, yo no. Era injusto porque uno de mis hermanos sólo era un año mayor que yo. Desde Puerto Rico a Chicago y aun en Vineland cuando ya tenía más años, nunca me dejaban quedarme sola. Mis amigas podían venir a casa, pero rara vez podía yo ir a casa de nadie. Siempre fue así hasta que un día Mami dijo que me podía quedar en casa de mi amiguito. La mamá de mi amiguito era súper pentecostal y estricta. Por eso Mami pensó que estaba bien. Yo feliz porque también pensé que era muy buena idea. El problema era que mi amiguito estaba demasiado interesado en toquetear y hacer otras cosas. No hicimos nada, en realidad, pero no fue por falta de intentar de su parte.

Primero vimos unas películas. La mamá de mi amiguito nos preparó comida, comimos muchísimo. Ya cuando tocó la hora de ir a la cama, la mamá me enseñó el cuarto donde yo iba a dormir. Su hija estaba

en la universidad y no necesitaba el cuarto. Me acuerdo pensar que las sábanas eran muy bonitas, parecidas a las que Mami usaba en Puerto Rico, muy blancas.

A la cama entonces, me preparé. Pasó como una hora y alguien tocó a la puerta. Yo abrí y era mi amiguito. ¿Qué hacía él ahí? Me acuerdo que me empezó a besuquear y me llevó a la cama. Yo no quería, y me acuerdo esquivarlo un poco. Ya cuando casi, casi, su mamá tocó y lo sacó a empujones.

Hasta el día de hoy le doy gracias a su mamá. Él era muy persistente y creo que yo no iba a poder controlar lo que él quería hacer. Me acuerdo que la mañana después, nos sentamos en el sofá antes de que Mami me recogiera, y él me pidió perdón. ¡Sorpresa! Todavía era señorita.

¡AY, QUÉ NOVIO!

El mismo amiguito de la noche incómoda y yo eventualmente nos hicimos novios. Me acuerdo que él me abrazaba y me besuqueaba en la escuela donde estaban los *lockers*. Mi hermano, Obie, odiaba verme así en el pasillo y muchas veces me dijo que se lo iba a decir a Mami. El dichoso novio era demasiado: todo era toqueteo y besuqueo.

Él tomaba italiano y yo seguía con mi clase de español. Su salón quedaba al lado del mío y estaban separados por una pared de esas que doblan para hacer el cuarto más grande. Por el espacio entre la pared, él y yo nos mandábamos cartitas.

Un día, su clase fue de gira y él no fue. Él se quedó en la clase solo. Yo estaba tratando de prestar atención al otro lado, mientras él bromeaba por el otro. Por un momento se desapareció y yo miré por la rendija de la pared. De repente apareció y me enseñó

todo de la cintura para abajo. Me acuerdo reírme tanto que él se enojó tantísimo conmigo. No sabía qué reacción esperaba el loco ese. ¡Sorpresa! Ya no tienes novio.

UNA BODA TEMPRANA

El mismo amiguito terminó rompiendo conmigo, ya que yo no quería hacer lo que a él le interesaba. Según él, yo le aburría. Sentí tanta tristeza cuando terminamos porque habíamos pasado un tiempo muy largo juntos. A veces siento que cuando algo termina y sientes tristeza, la mayor parte de las veces es que te hace falta la rutina. En aquel entonces, yo no quería estar sin novio porque muchas de mis amigas sí tenían. *Qué vergüenza no tener novio.*

Alguna que otra vez llamé a su casa, y él me enganchaba el teléfono. Fueron unas semanas de tremenda angustia. Después oí que él estaba de novio con otra chica, la hija del pastor. Ya del rompimiento de mi amiguito pasó un tiempo, pero aún me hacía falta. Para sentirme mejor, a veces salía a caminar. Un día estaba yo caminando por la calle de mi casa, una calle principal, cuando oí una bocina. Era de una limusina. No me lo van a creer, pero del techo de la limusina asomaba mi ex con la nueva novia,

acabados de casarse. Ella gritó algo, pero la bocina ahogó sus palabras. Me sentí tan pero tan mal.

Luego me enteré que ella se embarazó, y su padre, el pastor, los obligó a casarse. ¡Sorpresa! Tú no vas a tener una boda temprana.

EL BAILE DE OCTAVO

Los bailes de la escuela intermedia en los Estados Unidos son muy pomposos. No tiene que ser un momento súper especial. Hay bailes por cualquier motivo y lo más importante para el baile es el traje de la chica, según lo que fui aprendiendo.

Cuando llegó el baile de octavo con el motivo de San Valentín, el presupuesto financiero en casa había mejorado. Papi tenía negocio y todos lo ayudábamos a barrer, mapear y pulir pisos, y a limpiar oficinas en los bancos. Así que se podía ir de *shopping* al centro comercial donde tenían la tienda de batidos de frutas y se podía ver a todos los amigos. Mami me llevó allí a comprar el traje para el baile. Lo buscamos en muchas tiendas. Yo quería algo especial. Como tengo los ojos claros, como Mami, quería un vestido verde para que me hiciera resaltar los ojos. Quería un traje verde esmeralda. Terminé comprando uno verde de lentejuelas sin tirantes. El verde era muy muy esmeralda.

Yo muy contenta, me recogí el pelo con muchos rulos y con tenazas para lucir el cuello y los hombros. El traje era muy soplado de la cintura hasta las rodillas. No sé cómo pero mi tío logró llevarnos a mí y a mi pareja en un carro convertible lindísimo.

Recuerdo que tocaban música muy fina y elegante. Habían decorado el salón todo con corazones y muchos globos, todo tan lindo, todo rojo. Una amiga me preguntó por qué había escogido el color verde para mi vestido. No me di cuenta hasta mirarme en un espejo que ¡Sorpresa! Parecía un arbolito de Navidad.

¡ME SUBIERON LA FALDA!

En la escuela intermedia era muy común hacer bromas pesadas. En esa edad estaba todo el mundo como sin consideración por los demás. Para poder estar en un grupo popular a veces era necesario hacer algo súper gracioso, aunque a cuentas de otro, ya que es un juego de supervivencia.

Un día, yo estaba en la clase de ciencia donde hay mesas altas con los microscopios y los materiales que se usan para hacer experimentos. Esta clase me gustaba muchísimo. Yo llevaba una falda cortita pero de petos. Así que no era muy ajustada. Mi concentración no se podía romper por nada del mundo. Me acuerdo que mi mesa daba a la ventana y que yo tenía mucha luz de afuera para ver mi proyecto bien. De repente, se silenció el salón y miré rápidamente hacia atrás. Ya era demasiado tarde. Un chico, me imagino de reto, me subió la falda, y todos me vieron los *panties* y las nalgas. Empujé al chico muy fuerte. Por supuesto, el maestro vio lo que hice pero no lo que hizo el chico. Enseguida me envió al consejero.

Yo, sin pelos en la lengua, le expliqué al consejero lo que el muchacho me había hecho y que me sentía súper humillada. El consejero, con una voz muy tranquila, me hizo entender que yo estaba en lo correcto y que iba a hablar con el incordio que me humilló.

Al día siguiente, el muchacho estaba muy callado y me pidió perdón. Luego me dijeron que el consejero había llamado a la casa del chico e informó a los padres de la bromita pesada que me hizo. De castigo, sus padres le quitaron el privilegio de jugar béisbol por un tiempo. ¡Sorpresa! El descaro le salió caro.

TU AMIGA VA A SER MAMÁ

Yo tenía la suerte de tener buenas amigas en *middle school*. Estas chicas que eran como yo, no las más populares, pero bellas y me trataban con dignidad. Una de ellas, una colombiana muy linda, tenía un novio del mismo grado. Si mi amiga y su novio se encontraban en la biblioteca, tan pronto llegábamos, ellos se desaparecían. Ella me contaba después que hacían cosas sexuales en el estacionamiento de la biblioteca debajo de un árbol. Me acuerdo haberle dicho: "¡Ay! ¿Y si te ve alguien?"

Ellos estaban convencidos de que habían nacido el uno para el otro. Yo le hacía muchas preguntas por que ella tenía experiencia. Un día, mi amiga me confesó que estaba embarazada y que no sabía qué hacer. Yo sentí mucha, mucha pena por ella. Ahora se veía súper triste todo el tiempo.

Yo ya tenía mucho miedo de embarazarme, y esto me dio todavía más temor. Me acuerdo haberle hecho

más preguntas de cómo les pasó esto, para yo no cometer el mismo error. Como ellos, había muchos muchachos de mi edad que ya estaban sexualmente activos. ¡Sorpresa! Yo iba a ser tía.

LA GRADUACIÓN DE OCTAVO

Acá en los Estados Unidos tienen graduaciones hasta si uno mata una mosca. Me acuerdo de la expresión de mi mamá cuando una cuñada la invitó a la graduación de kínder de su hija: "¿Qué sabe hacer ella, ir al baño?"

Para la graduación de octavo, el fin de *middle school*, me acuerdo que lo más importante era cómo me iba a vestir. Mami me compró un traje blanco súper ajustado, con un collar de perlas de mentira y unas pantallas.

Al llegar a la ceremonia, me senté con todos los demás estudiantes como si no fuera nada importante. Noté que los estudiantes que se consideraban más inteligentes se paraban y se sentaban y les llamaban los nombres mucho. Me acuerdo sentirme poca porque sólo tenía un traje bonito. La única vez que me paré, subí a recibir el papel que les daban a todos los demás. ¡Sorpresa! Iba para la *high school* y ¡todavía me sentía atrasada!

NO HAY PARA FIESTA DE QUINCE

En los Estados Unidos se celebran con mucha elegancia los dieciséis. Esto era algo que yo no conocía, ya que los quince años son más importantes para las familias puertorriqueñas.

Cuando iba a cumplir los quince, ya Mami y Papi no estaban juntos. Estaba llegando la hora de comenzar a planear para mis quince, ya que casi se estila como boda para las familias latinas.

Para aquel entonces, Mami tenía un novio, y él quería impresionarla. Estábamos en nuestro apartamentito cuando me llamaron a la cocina. Ahí Mami y su novio me dijeron que no había para hacer fiesta de quince pero que me podían dar un pasaje de ida y vuelta a Puerto Rico. Me dijeron que la condición era que debía llevar a una amiga mía que era mayor que yo. Tomé el viaje.

Fui a Aibonito, mi viejo pueblo. Vi a mis amigas y fui a las tienditas de mi viejo vecindario. También fui a ver el Viejo San Juan con mi tío. Me acuerdo haber llevado ropa demasiado pesada para el sol fuerte de

ese día. Ya me había acostumbrado al clima de los Estados Unidos y no había empacado bien. Las compañeras de la escuela no se acordaban mucho de mí, y me sentí fuera de lugar. ¡Sorpresa! El regalo de quince fue regresar a donde ya nadie me conocía.

PARA CERRAR

Las sorpresas pueden ser lindas o desagradables. En este librito, yo quise dar luz a todas las que tuve al venir a los Estados Unidos y acomodarme a la vida de acá. Las sorpresas que me fueron desagradables tal vez sirvan para preparar a alguien que pase por semejantes experiencias, y se aliente en pensar que no está sola/o. Las sorpresas lindas hay que contarlas porque hacen a la gente feliz y la llenan de esperanza. Las agradables hacen a la gente sonreír y tener confianza en la vida. Las no tan agradables también hay que contarlas, ya que son parte de nuestra historia como mujeres, como seres bilingües y como personas nuevas en este país.